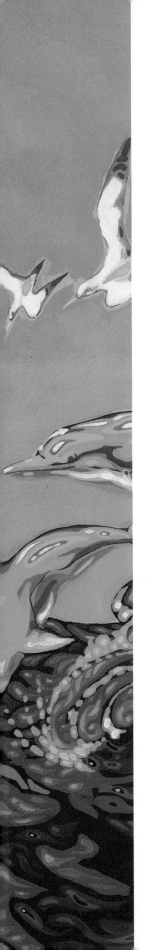

ESTRELLAS DE LA LITERATURA

ALAS Y OLAS

AUTORES

MARGARET A. GALLEGO
ROLANDO R. HINOJOSA-SMITH
CLARITA KOHEN
HILDA MEDRANO
JUAN S. SOLIS
ELEANOR W. THONIS

HARCOURT BRACE & COMPANY

Orlando   Atlanta   Austin   Boston   San Francisco   Chicago   Dallas   New York
Toronto   London

Requests for permission to make copies of any part of the work should be mailed to: Permissions Department, Harcourt Brace & Company, Orlando, Florida 32887–6777

Acknowledgments
For permission to reprint copyrighted material, grateful acknowledgment is made to the following sources:
Ediciones SM: La pequeña Wu-Li by Ricardo Alcántara/Gusti. Copyright © 1987 by Ediciones SM. Published by Ediciones SM, Madrid, Spain.
Ediciones Júcar: Los deseos de Nicolás by Teo Puebla. Copyright © 1990 by Ediciones Júcar. Published by Ediciones Júcar; Madrid, Spain.
Centro de información y desarrollo de la comunicación y la literatura infantiles (CIDCLI, S.C.): La Rama by Octavio Paz. Copyright © 1991 by CIDCLI, S.C. Published by CIDCLI, S.C., México, D.F., México.
Laredo Publishing Co., Inc.: "El mar" by Alicia Kozameh from *Voces de mi tierra.* Copyright © 1993 by Laredo Publishing Co., Inc. Published by Laredo Publishing Co., Inc., Torrance, California.
CONAFE: "El canto del pajarito" by A.L. Jáuregui from *Cuántos cuentos cuentan...,* by Esther Jacob. Copyright © 1984 by CONAFE. Published by CONAFE, México, D.F., México.
Every effort has been made to locate the copyright holders for the selections in this work. The publisher would be pleased to receive information that would allow the correction of any omissions in future printings.

Photo Credits
Key: (t) = top, (b) = bottom, (l) = left, (r) = right, (c) = center, (bg) = background,

6–7, HBJ Photo; 12, Michael Portzen/Laredo Publishing; 46, HBJ/Britt Runion; 50–51, Michael Portzen/Laredo Publishing; 82–83, Michael Portzen/Laredo Publishing.

Illustration Credits
Cover by Pablo Torrecilla; Armando Martínez, 4, 5; Mónica Edwards, 8–11; Wendy Chang, 12, 13, 46, 47, 50, 51, (Glossary) 108–111; Pamela Drucker, 44, 45; Pablo Torrecilla, 48, 49; Ludmill Dimitrov, 78, 79; Scott Gray, 80, 81, 102, 103; Ricardo Gamboa, 104–106.

Printed in the United States of America.

ISBN 0-15-304442-X

8 9 10 11 048 00 99 98 97

ESTRELLAS DE LA LITERATURA

Querido amigo:

En este libro encontrarás muchas cosas que podrás probar y podrás conseguir. Todo lo que hace falta es animarse. ¿Te gustaría probar algo nuevo? ¿Te gusta soñar? ¡A veces los sueños pueden hacerse realidad! Y a veces las cosas más simples pueden hacernos pasar un buen momento.

¡A disfrutar!

Los autores

Í N D I C E

PODEMOS PROBAR / 6

PODEMOS LLEGAR / 46

PODEMOS APRECIAR / 79

T E M A

PODEMOS PROBAR

¿Has probado algo nuevo alguna vez ?
Cuando leas este cuento conocerás a una gatita
que se atrevió a vencer el miedo y gracias a ella
sus hermanos disfrutaron de un hermoso día.

Í N D I C E

· ·

GATO CON BOTAS SALIÓ DE PASEO

Gato con Botas salió de paseo.
Gato con Botas salió a pasear.
Las botas lustradas, aludo sombrero,
erguidos mostachos, espada y demás.

Cruza diez ciudades de torres azules,
ríos caudalosos, montañas, el mar...
Las aves lo miran marchar, asombradas,
¿el Gato con Botas hacia dónde irá?

9

¡Tan! ¡Tan!—¿Quién golpea mi puerta a estas
horas?
¡Soy, yo, Ratón Pérez, ábreme y verás!
—¿Quién eres?— responde la voz desde adentro.
—El Gato con Botas... ¡Ábreme, no temas!

—¿El Gato con Botas?... ¡Ah, no! Ratón Pérez
al Gato con Botas nunca le abrirá.
—Abre, Ratón Pérez, ¡de mí ya no temas!
por bosques y prados vamos a pasear.

Caminemos juntos por entre los lirios,
por entre amapolas y flores de
azahar.
Ratoncito Pérez, desde lejos vengo,
¡ya somos muy viejos para pelear!

Ricardo E. Pose

LOS ILUSTRADOS DEL BARCO DE VAPOR

LA PEQUEÑA

WU-LI

Ricardo Alcántara/ Gusti

LECTURA COMPARTIDA

13

Su madre era una gata siamesa y su padre
un gato de azoteas, sin nombre ni dueño.
Ella nació en una caja de cartón, bajo una
luna en cuarto menguante. Sin prisa, fue
la última en nacer; antes lo hicieron sus
tres hermanos.

Al verla, los dueños de la casa decidieron
llamarla Wu-li.

Wu-li era la única hembra de la camada, y
también la más pequeña. No es que sus
hermanos fueran gran cosa, pero ella era tan
esmirriada que daba pena.

Y según pasaban los días, la diferencia entre
Wu-li y sus hermanos se acentuó aún más.

Es que sus hermanos, tratándose de comer, estaban siempre a punto.
En cuanto la madre entraba en la caja, al instante corrían hacia ella.
Wu-li, por el contrario, siempre se quedaba rezagada. Comenzaba
a mamar cuando los otros ya llevaban un buen rato.

Y cuando mamá daba por finalizada la comida y salía de nuevo de la caja, Wu-li nunca había acabado de llenarse la barriga.

17

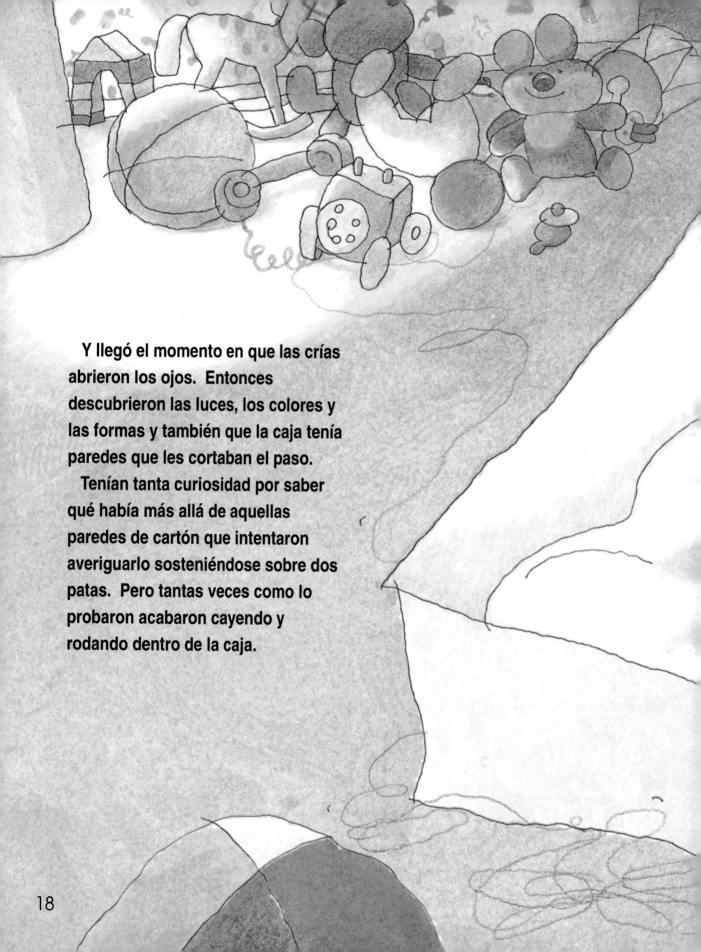

Y llegó el momento en que las crías abrieron los ojos. Entonces descubrieron las luces, los colores y las formas y también que la caja tenía paredes que les cortaban el paso.

Tenían tanta curiosidad por saber qué había más allá de aquellas paredes de cartón que intentaron averiguarlo sosteniéndose sobre dos patas. Pero tantas veces como lo probaron acabaron cayendo y rodando dentro de la caja.

No por ello desistieron. ¡Qué va!
Siguieron intentándolo.

Hasta que sus esfuerzos se vieron
recompensados y uno de los gatos
consiguió agarrarse con sus patas
delanteras al borde de la caja. De esa
forma no era tan difícil sostenerse y
pudo observar hacia afuera.

Con los ojos muy redondos y las
orejas tiesas paseó lentamente la
mirada por la sala, que le pareció
inmensa.

Se quedó tan quieto que sus hermanos desconfiaron: algo importante sucedía y querían saber de qué se trataba. Entonces, uno tras otro, después de varios intentos, acabaron imitando su postura y también pudieron contemplar aquel impresionante panorama.

   Todos, menos Wu-li. Ella era demasiado pequeña, claro, y no alcanzaba el borde de la caja.

   Pero en vez de lamentarse, lo que hizo fue escuchar con atención lo que decían sus hermanos. Ellos no paraban de hacer comentarios acerca de todo lo que veían. Entonces Wu-li entornó los párpados y empezó a imaginar lo que sus ojos no alcanzaban a ver.

Confiaba en que tarde o temprano, también ella crecería lo suficiente como para imitar la proeza de sus hermanos. Y así fue. Una buena mañana, Wu-li consiguió sostenerse al borde de la caja. ¡Vaya!

Claro que para entonces sus hermanos habían logrado por fin salir de la caja.

No les resultó nada fácil y, cuando se vieron al otro lado de la pared de cartón, la verdad es que sintieron un poco de miedo.

Tanto es así que no se aventuraron a alejarse demasiado.

De repente apareció la madre, los agarró uno a uno
por el cuello y los devolvió a la caja.

—Mañana volveremos a saltar— le confesaron a la pequeña
Wu-li, y ella los miró con admiración.

Después de tantas emociones, necesitaban una buena siesta.
Como de costumbre, se echaron todos junto a Wu-li y se
apretaron contra ella.

Wu-li no podía ni moverse, pero no protestaba. Es que así de apretujada se sentía más calentita y reconfortada. Entonces, con los párpados entornados, se imaginó entrando y saliendo de la caja.

Pocos días después su sueño se hizo realidad. Aunque al intentarlo se dio un buen coscorrón, ¡Wu-li estaba por fin fuera de la caja! En aquel momento sus hermanos realizaban toda suerte de acrobacias en lo alto de la cortina.

—Ven, pequeña —la llamaron. Y ella fue.

Escalaba la cortina poco a poco, cuando de pronto se presentó la dueña de la casa. La mujer, con los pelos de punta, exclamó mientras daba palmadas:

—¡Fuera de ahí! ¡Fuera les digo!

Los gatos se asustaron tanto que se echaron al suelo.

Y cayeron encima de Wu-li que, del miedo, casi no

podía ni moverse.

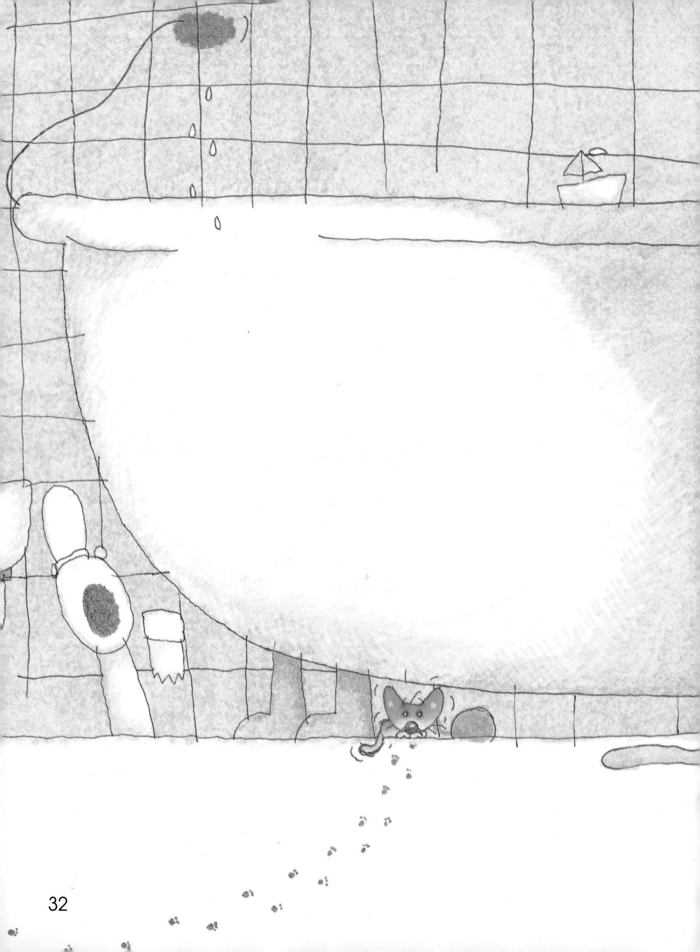

Pero al ver que sus hermanos huían apresurados, también ella se decidió a correr. Fue una auténtica desbandada. Wu-li acabó escondiéndose debajo de la bañera de hierro.

El corazón le latía con fuerza, y temblaba de la cabeza a la cola. Hasta que decidió imaginar que aquella bañera era un amistoso animal. Entonces, bajo su enorme barriga se sintió a salvo.

Permaneció allí, acurrucada y muy quieta, hasta que vino su madre, la agarró por el cuello y la devolvió a la caja.

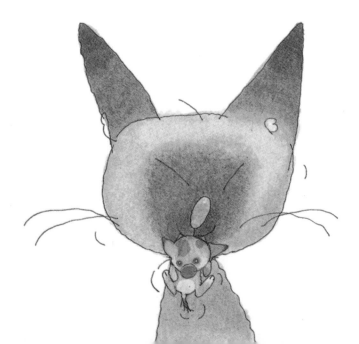

Y fue precisamente la madre quien días más tarde les enseñó a todos un nuevo camino: siguieron sus pasos y vieron que desaparecía por una gatera. Sin pensarlo dos veces, fueron tras ella.

Como siempre, por ser la pequeña, Wu-li era la última. Y se demoró más de la cuenta. Cuando por fin se decidió a pasar, la trampilla de la gatera se abatió con fuerza y le dio tal golpe que Wu-li rodó por el suelo.

Wu-li creyó que era un temible enemigo y se incorporó de un salto
con todas las uñas fuera y el lomo erizado.

Pero como la trampilla permaneció quieta, se aproximó cautelosa.
En vista de que no volvía a atacar, aspiró hondo y cruzó, aunque
con cierto recelo.

Entonces se topó con sus hermanos que se apretujaban para mirar hacia abajo. Y es que al otro lado de la trampilla estaba el rellano de una escalera interior, y al final de la escalera había una puerta. Al otro lado se podía ver la luz del sol, que convidaba a jugar, y un trozo de césped tan verde que daban ganas de revolcarse ...

Mas para alcanzar semejante paraíso había que bajar una escalera oscura y empinada. Y . . .¿quién se atrevía a hacerlo?

Ninguno de ellos se sentía lo bastante valiente. Cuanto más observaban la escalera, más miedo tenían. No se veían capaces. Wu-li la que menos.

Muy a pesar suyo, al cabo de un rato regresaron a la caja muy tristes, con la cola caída.

Sin embargo, al día siguiente volvieron a cruzar la gatera. Confiaban en que la escalera ya no los impresionaría tanto. Pero se equivocaban: los atemorizaba aún más.

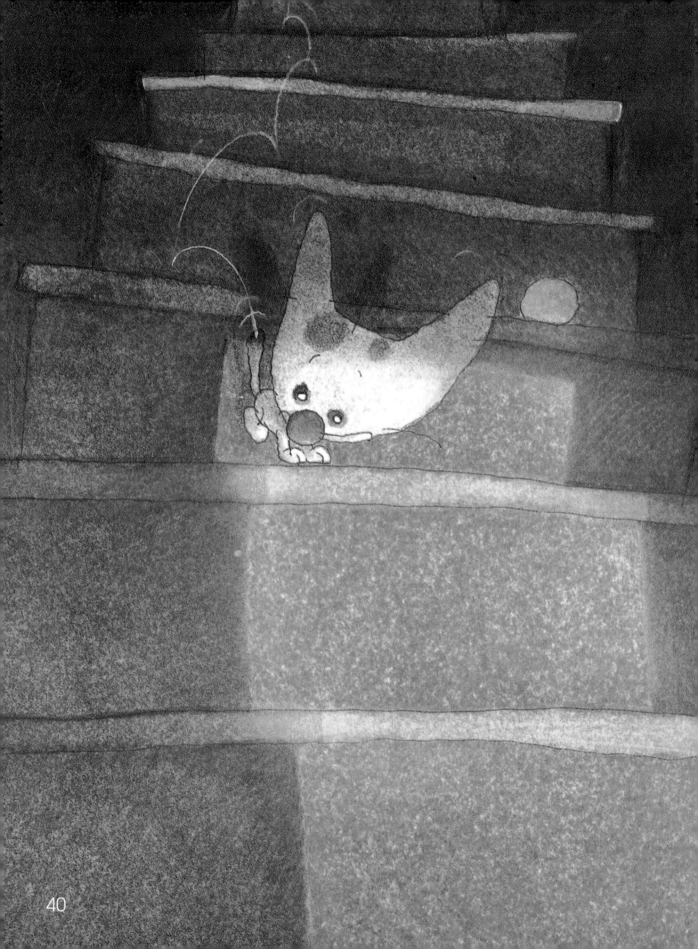

—Miau . . . Miau . . . —se lamentaban en coro, con los ojos puestos en aquel césped tan verde. — ¡Miau! ¡Miau! —protestaban, demostrando su disgusto ante una escalera tan oscura, tan difícil de bajar, tan antipática . . .

Hasta que a Wu-li se le ocurrió una idea. Entornó los párpados e imaginó que la escalera era corta y luminosa.

Poco después abrió los ojos y, para su sorpresa, la escalera ya no le resultó oscura y tenebrosa. Era como si alguien hubiera encendido una luz. Ni siquiera le daba miedo. Entonces, con paso decidido, uno a uno empezó a bajar los peldaños.

Sus hermanos estaban sorprendidos. ¡No podían creérselo! ¡Precisamente era la pequeña Wu-li quien se había atrevido! No podían imaginar cómo había logrado reunir tanto valor.

Wu-li llegó al pie de la escalera sin ningún tropiezo. Ya tenía a su alcance el sol y el césped. Pero, en vez de salir corriendo, se volvió hacia sus hermanos y les dijo:

—Bajen. No cuesta nada, ya verán.

Indecisos, se miraron unos a otros.

Wu-li tuvo que insistir varias veces, pero finalmente los convenció. Entonces, aunque temblando, también ellos bajaron uno tras otro.

Luego, tan juntos como si estuvieran atados, se acercaron a la puerta y asomaron la cabeza.

Menearon la cola un par de veces y de un salto cayeron sobre el luminoso césped.

Daba la impresión de que la brisa les hacía cosquillas, pues no se estaban quietos. Corrían, saltaban, daban volteretas . . . Wu-li la que más.

De vez en cuando se detenía, miraba hacia lo alto y se relamía, como si se estuviera tomando el sol a lengüetazos.

PARA PROBAR ALGO NUEVO

Teléfono casero:

¿Puede viajar el sonido a través de una cuerda?

Para hacer un teléfono casero:

1. Pasa una cuerda a través de 2 vasos de cartón o dos latas.

2. Ata un nudo en cada extremo.

3. Estira la cuerda.

4. Habla en un vaso.

   ¿Te puede oír tu amigo?

TEMA

PODEMOS LLEGAR

¿Alguna vez has soñado ir a algún sitio que conocías sólo por lo que te habían contado? En este cuento vas a conocer a Nicolás, un niño como tú, que se interesa por conocer más y más cada día. Lee el cuento para saber si sus sueños se hicieron realidad.

ÍNDICE

47

El mar

El mar no tiene puertas,
pero tiene las puertas muy abiertas.

El mar no tiene caminos,
pero sus caminos son muy anchos.

El mar termina en las orillas de los continentes,
pero es infinito.

Y el infinito es
una calesita de colores.

Alicia Kozameh

Los deseos de Nicolás

Teo Puebla (Premio Nacional de Ilustración Infantil)

51

Nicolás había nacido en una pequeña aldea, allá en el Norte, escondida entre enormes montañas.

Los días de sol se divisaba el mar desde lo alto de aquellos picos.

Creció junto a sus padres, su viejísimo abuelo materno y algunos pocos vecinos.

Era el único niño en la aldea sin compañeros para jugar, pero tenía un amigo encantador: su abuelo. De él aprendió a trepar por la montaña, a defenderse de los animales dañinos y, sobre todo, a descubrir el mar.

—Mira, Nicolás. ¿Ves aquella mancha azul?

—¿Dónde, abuelo?

—Allá lejos, entre esos dos picos.

Las tardes de verano caminaban durante horas hasta la cima de la montaña, y desde allí contemplaban el inmenso azul del mar. El abuelo, aunque nunca lo había visto de cerca, le contaba hermosas historias marineras, de piratas que navegaban sin rumbo fijo, y de fantasmas que, según él, habitaban los fondos de los mares.

—¿Y no tenían miedo de los fantasmas?

—No, pequeño, los hombres del mar saben vencer todos los peligros.

Tanta atención prestaba a los relatos del abuelo que sus sueños estaban siempre repletos de aventuras por el mar. Veía galeones hundidos llenos de peces y plantas multicolores, o tesoros que él mismo descubría. Divertidas sirenas lo conducían por aquel mundo nuevo y sin límite.

Soñó una vez que construían una balsa con troncos de pino. A lomos de dos bueyes la llevaron hasta la costa y, junto a su abuelo, embarcó en aquel artefacto.

Remaban hacia el horizonte cuando alumbraba el sol, y al atardecer, agotados, caían en un profundo sueño. Aprovechando su descanso, las olas y la luna se encargaban de devolver la balsa y sus tripulantes a la costa. De modo que cada amanecer iniciaban el camino sin alcanzar jamás el misterioso horizonte.

Este sueño dejó en el corazón de Nicolás un profundo deseo de conquistar el océano.

Casi sin darse cuenta, aquel niño había crecido lo suficiente como para ir a la escuela. Y una nueva forma de vida se presentaba para Nicolás, que hasta entonces había vivido libre y feliz entre montañas.

Aunque ayudaba a sus padres en las tareas del campo, era ya necesario que conociera a otros niños de su edad y aprendiera cosas que sus padres no podían enseñarle.

—Espero que te portes bien, Nicolás. Y no olvides que, a partir de mañana, tendrás que levantarte más temprano —dijo su padre.

—Y quiero ver cómo te lavas los oídos todos los días —insistió su madre.

La escuela estaba lejos.

El camino era muy largo, pero divertido.
Tan acostumbrado estaba a las caminatas
que aquel trayecto le parecía un paseo.

Si llovía, corría por las veredas de las hayas
que le servían de cobijo. Cuando el sol
quemaba prefería las orillas del arroyo.

Las cantarinas aguas de aquel riachuelo eran una tentación, y algunas veces Nicolás se entretenía en hacer barquitos de papel que ponía a navegar. Si naufragaban hacía otros, y otros más, hasta que el cuaderno se quedaba sin hojas.

Aquellos frágiles barquitos iban quedándose atrapados entre los juncos, entre las piedras del riachuelo o, golpeados por la corriente, se hundían como los galeones de sus sueños.

Nicolás aprendía en la escuela al ritmo de los otros niños. Sobre todo se interesaba por los temas del mar.

—¿Alguno de ustedes sabría decirme qué hay en el mar? —preguntó la maestra.

Nicolás estaba deseando contarle todo lo que él sabía del mar, pero no se atrevió.

—Bien, ya veo que no. En el mar, esa enorme masa de agua azul, habitan muchísimos animales.

—¡Peces! —gritó Juan desde el fondo de la clase.

—Sí, pero no sólo ellos. También vive una gran variedad de plantas. Y existen montañas, y rocas.

¿Hay casas en el mar? —preguntó David.

—No, porque los animales no las necesitan. Viven entre las plantas y en las oquedades de las rocas.

Supo entonces que el océano no muere en el horizonte azul como a él le parecía al observarlo desde la cima de la montaña, sino que la redondez de la tierra escondía su final.

Así fueron mezclándose fantasía y realidad, y revivieron en su corazón antiguos deseos de conocer el mar.

Una noche iluminada por miles de farolillos colgados del cielo, Nicolás dejó volar su imaginación y llegó tan lejos con el pensamiento que pasó la noche sin dormir.

Amaneció antes que nunca, y con su mochila al hombro emprendió el camino de todos los días.

Tan pronto se perdieron las casas de la aldea en la lejanía, Nicolás cambió de rumbo.

—¿Qué vas a hacer? —pensó de nuevo. Pero ya lo había decidido.

—No iré a la escuela. Hoy veré el mar.

Durante horas, anduvo por lugares que no había pisado nunca.

Subió colinas, cruzó prados, siguió el curso de un caudaloso río, y cuando el sol estaba tan bajo que prolongaba las sombras hasta perderse, el camino terminó.

—¡Tengo que llegar!

Una gran masa de agua chocaba contra las rocas y lentamente se esparcía por la arena, hundiendo sus pies mojados en ella. ¡¡ERA EL MAR!!

Tan cansado se encontraba que no pudo disfrutar de la emoción. Cayó rendido en la playa, y, enrollado en su propio cuerpo, quedó profundamente dormido. Las gaviotas y la luz del faro velaron su sueño...

—Arriba, Nicolás—le despertó la voz de su madre. Llegarás tarde a la escuela.

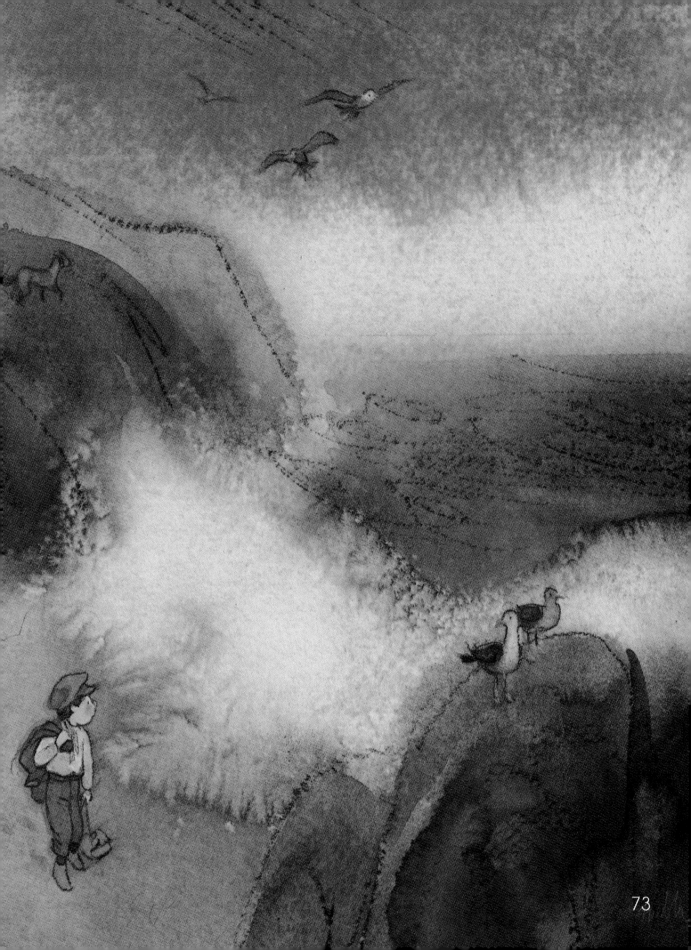

Muchos años después me contaron que lo
vieron en un barco de vapor. Con impecable
uniforme blanco, junto al timón, barbudo y con
gorra de plato.

Sus deseos se cumplieron y hoy es capitán de
un barco muy importante.

LAS CORRIENTES MARINAS

¿Piensas que hemos descubierto todos los secretos del mar? Apenas algunas cosas se han descubierto, pero son muy importantes.

Los científicos que estudian los océanos se llaman oceanógrafos; observan la vida de plantas y animales y también estudian el movimiento del agua, o las corrientes marinas.

Las corrientes marinas se forman porque los vientos y la diferencia de temperatura ayudan a que el agua de los océanos se mueva. Son como grandes ríos que llevan agua templada o fría. Cuando las corrientes viajan desde los polos hacia el ecuador, llevan agua fría. En cambio las corrientes que viajan desde el ecuador a los polos llevan agua templada.

ECUADOR

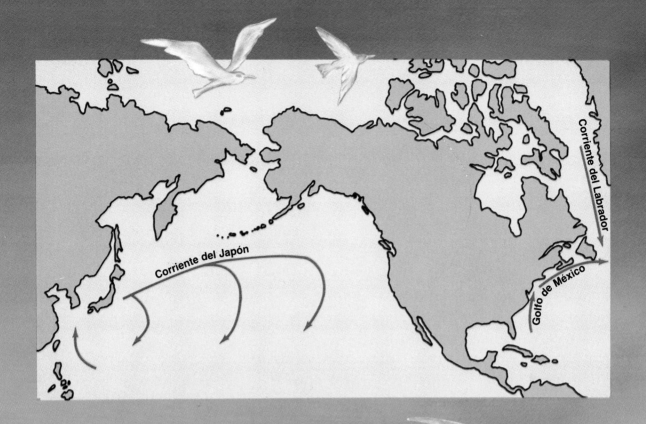

Estas corrientes influyen mucho en el clima de los continentes. Por ejemplo, las costas que son bañadas por corrientes que provienen del ecuador, se ven beneficiadas por tener inviernos menos crudos. En cambio, aquellas costas que reciben corrientes que vienen de los polos, tienen veranos más templados.

Los oceanógrafos les han puesto nombres a estas corrientes. Como un gran río de muchos kilómetros de ancho, la corriente del Golfo, lleva agua templada del Golfo de México, hacia el norte. ¿Cómo crees que se ve afectado el clima en las costas que baña esta corriente?

Bordeando las costas de América del Norte, está también la corriente del Labrador. ¿Crees que esta corriente trae agua fría o templada?

77

TEMA

PODEMOS APRECIAR

¿Te gusta el canto de los pájaros? ¿Y ver un árbol? ¿Y el cielo? En esta lectura encontrarás tres cosas que seguramente ves todos los días: un árbol, sus hojas que se mueven con el viento y un pajarito cantor en sus ramas.

ÍNDICE

EL CANTO DEL PAJARITO

Qué dulce el canto
del pajarito
que por las tardes
salta contento;
mientras su nido
se balancea,
entre las ramas
que mece el viento.

Se oye su canto
en la lejanía
mientras se asoma
el primer lucero;
que como lámpara,
con sus fulgores,
iluminando
está ya el sendero.

A.L. Jáuregui

81

AUTOR PREMIADO

LECTURA COMPARTIDA

La Rama

Octavio Paz

Tetsuo Kitora

CANTA en la punta del pino
un pájaro detenido,
trémulo, sobre su trino.

Se yergue, flecha, en la rama,
se desvanece entre alas
y en música se derrama.

El pájaro es una astilla
que canta y que se quema viva
en una nota amarilla.

UUIT TUUIT

SAINZA BOT
AS RIVA
INVA CHAL
PASS ANTIVA

89

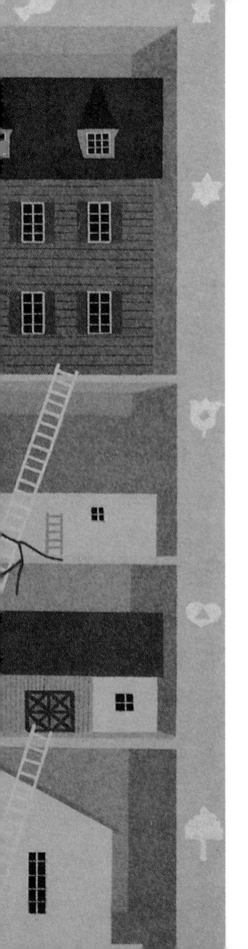

Alzo los ojos: no hay nada.
Silencio sobre la rama,
sobre la rama quebrada.

Viento

CANTAN las hojas,
bailan las peras en el peral;
gira la rosa,
rosa del viento, no del rosal.

Nubes y nubes
flotan dormidas, algas del aire;
todo es espacio
gira con ellas, fuerza de nadie.

Todo es espacio;
vibra la vara de la amapola
y una desnuda
vuela en el viento lomo de ola.

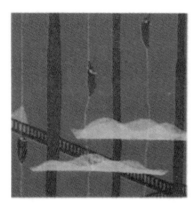

Nada soy yo,
cuerpo que flota, luz, oleaje;
todo es del viento
y el viento es aire siempre de viaje.

Los pájaros

¿Sabías que no todos los pájaros pueden volar?
El avestruz, por ejemplo, no puede volar
porque tiene alas muy pequeñas
y con ellas no puede despegar
de la tierra. Es un pájaro alto,
con patas muy largas y delgadas.

   Hay algunos pájaros que vuelan y también
nadan muy bien. El bobo, por ejemplo.

Hay un pajarito que se llama frailecillo,
se zambulle en el agua y cuando tiene el pico
lleno de peces, sale a comérselos tranquilamente.

Lo que tú ves siempre cerca de tu
casa son los gorriones.
¿Te gustaría hacer casas y comederos para ellos?
¿O piensas que están más felices en los árboles?

103

El juego de los colores

Humberto Zarrilli

Violeta, verde, amarillo,
naranja, rojo y azul.
Colores finos y alegres,
hijos bellos de la luz.

Para jugar en la tierra
les dan permiso de día.
Corre el verde en el follaje
y descansa en las colinas.

El naranja y el violeta
gustan la paz de las
quintas,
el azul brinca en los ríos
y el amarillo en los trigos.

Pero es el rojo el que ríe
en los labios de los niños.

Cuando en las tardes mojadas
la lluvia rasga su tul,
abre un arco de gloria
para que pase la luz.

Luego regresan al cielo
apenas el sol no arde,
y se duermen, quietecitos,
en las nubes de la tarde.

GLOSARIO

A

aldea   Pueblo pequeño: Yo nací en una **aldea** rodeada de montañas.

artefacto   Aparato: Nos fuimos a pasear por el lago en aquel **artefacto**.

astilla   Fragmento de una cosa que se parte o se rompe: Por jugar con
                 un palo, al niño le quedó una **astilla** en la mano.

atrevido   Valiente: El hombre **atrevido** pelea con el león.

aldea

D

dañinos   Que hacen mal: Los ratones son animales **dañinos.**

desconfiar   No estar seguro de alguien o de algo: Los niños deben
                 desconfiar de los extraños.

desistieron Se dieron por vencido: Los niños **desistieron** en su intento de
                 cruzar el río.

desvanece   Desaparece: Cuando el viento sopla el humo se **desvanece.**

disfrutar   Gozar: Mi hermano juega en el jardín para **disfrutar** el sol.

divisaba   Veía: Desde su casa, Juan **divisaba** el río.

E

entornados   Medio cerrados: Tenía los ojos **entornados.**

erizado   Levantado y puesto tieso: Al ver la película de terror, sentí el pelo **erizado**.

esmirriada   Flaca: Rosita es una muchacha **esmirriada**.

erizado

flotan   Se sostienen sobre el agua o en el aire: Los barcos **flotan** sobre el agua y las nubes en el aire.

galeones   Barcos que servían para transportar cosas de América a España: Los **galeones** españoles transportaban mucha mercadería.

gatera   Puerta para los gatos: La gatita salió por la **gatera.**

galeones

haya   Árbol: Al pie del **haya** me quedé a descansar.

materna: De parte de la madre: Mi abuela **materna** es la mamá de mi mamá.

menearon   Movieron: Los cachorritos **menearon** sus colas de alegría.

mezclándose   Revolviéndose: El pastel se prepara **mezclándose** todos los

ingredientes y luego se hornea.

oquedad

oleaje   Sucesión continuada de olas: Había un **oleaje** fuerte en el mar.

oquedad   Hueco: Me fascinó la **oquedad** de la roca.

quebrada   Rota: Cuando se cayó al suelo la cafetera de porcelana, se

rompió y resultó **quebrada.**

R

recelo   Desconfianza, temor: Caminó por la calle oscura con

cierto **recelo.**

rellano   Descanso de la escalera: Abuela descansó en el **rellano** de la

escalera.

rezagada   Que se quedó atrás: La niña nueva se quedó **rezagada** porque

caminaba despacio.

suficiente   Lo necesario: Ya no tenemos hambre, comimos lo **suficiente**.

trino   El canto del pájaro: Escuchamos el **trino** del cardenal.

vibra

variedad   Grupo de cosas que son diferentes entre sí: Hay una gran

variedad de panes en la panadería.

vibra   Tiembla rápidamente: La cuerda de la guitarra **vibra** cuando

se toca.

yergue   Se levanta o endereza: El pájaro se **yergue** antes de cantar.

111